CONOCE LA CIENCIA ESPACIAL

AGUJEROS NEGROS

BERT WILBERFORCE
TRADUCIDO POR ALBERTO JIMÉNEZ

Gareth Stevens
PUBLISHING

ENCONTEXTO

Please visit our website, www.garethstevens.com. For a free color catalog of all our high-quality books, call toll free 1-800-542-2595 or fax 1-877-542-2596.

Library of Congress Cataloging-in-Publication Data
Names: Wilberforce, Bert, author.
Title: Agujeros Negros / Bert Wilberforce.
Description: New York : Gareth Stevens Publishing, [2021] | Series: Conoce la ciencia espacial | Includes bibliographical references and index. |
Contents: Black holes are real! -- What is it? -- Einstein's idea -- From star to black hole -- How many? -- Finding the invisible -- Big and bigger -- Around and around -- The event horizon -- More to discover -- Three kinds of black holes.
Identifiers: LCCN 2019040017 | ISBN 9781538260272 (paperback) | ISBN 9781538260289 (6 pack) | ISBN 9781538260296 (library binding) | ISBN 9781538260302 (ebook)
Subjects: LCSH: Black holes (Astronomy)--Juvenile literature.
Classification: LCC QB843.B55 W55 2021 | DDC 523.8/875--dc23
LC record available at https://lccn.loc.gov/2019040017

First Edition

Published in 2021 by
Gareth Stevens Publishing
111 East 14th Street, Suite 349
New York, NY 10003

Translator: Alberto Jiménez
Editor, Spanish: Rossana Zúñiga
Designer: Sarah Liddell
Editor: Therese Shea

Photo credits: Cover, p. 1 (main) Vadim Sadovski/Shutterstock.com; background used throughout Zakharchuk/Shutterstock.com; p. 5 Lonely/Shutterstock.com; p. 7 andrey_l/Shutterstock.com; p. 9 (main) vchal/Shutterstock.com; p. 9 (Einstein) Triggerhippie4/Wikimedia Commons; p. 11 vector-map/Shutterstock.com; p. 13 CahekZ/Shutterstock.com; p. 15 Harbingerdawn/Wikimedia Commons; p. 17 Maxal Tamor/Shutterstock.com; p. 19 Sergey Nivens/Shutterstock.com; p. 21 Marc Ward/Shutterstock.com; p. 23 Artsiom Petrushenka/Shutterstock.com; p. 25 Ixocactus/Wikimedia Commons; p. 27 BevinKacon/Wikimedia Commons; p. 29 GDK/Wikimedia Commons.

Printed in the United States of America

CPSIA compliance information: Batch #CS20GS: For further information contact Gareth Stevens, New York, New York at 1-800-542-2595.

CONTENIDO

Las palabras del glosario se muestran en **negrita** la primera vez que aparecen en el texto.

¡LOS AGUJEROS NEGROS EXISTEN!

Se suele hablar de agujeros negros en programas de televisión y películas sobre el espacio. Estos lugares absorben cualquier cosa que se acerca demasiado y proporcionan **emocionantes** historias de ciencia ficción. Pero los agujeros negros son reales, no ficticios, y cada vez se descubre más información sobre ellos.

SI QUIERES SABER MÁS

Los científicos demostraron la existencia de los agujeros negros en 1994.

CÓMO FUNCIONA

El agujero negro tiene una fuerza de **gravedad** tan poderosa que atrae toda la materia que se le acerca, ¡incluso la luz! Como esa luz tampoco escapa de su atracción, el agujero parece negro, pero en realidad es invisible.

SI QUIERES SABER MÁS

El científico John Wheeler los llamó "agujeros negros" por su apariencia oscura.

LA IDEA DE EINSTEIN

En 1915, el científico Albert Einstein presentó una idea sobre la gravedad en el espacio. Dijo que los objetos con gran **masa** doblan el espacio y el tiempo mucho más que los objetos con menos masa. También tienen una enorme fuerza de gravedad. Su idea señalaba que un agujero negro era posible.

SI QUIERES SABER MÁS

La idea de Einstein se llamó: teoría general de la relatividad.

Un objeto que tiene suficiente gravedad para atrapar la luz también es muy muy denso. Esto significa que los trozos de materia que lo componen están fuertemente unidos. Las estrellas grandes pueden convertirse en objetos, como este, si colapsan o se desmoronan sobre sí mismas.

SI QUIERES SABER MÁS

Nuestro Sol tiene mucha masa, pero no la suficiente para convertirse en un agujero negro.

DE ESTRELLA A AGUJERO NEGRO

Hay muchas estrellas mayores que nuestro Sol. Mientras una gran estrella se quema, su tamaño se mantiene más o menos estable. Sin embargo, cuando su combustible se acaba, la estrella se colapsa debido a su propia gravedad y entonces puede convertirse en agujero negro.

SI QUIERES SABER MÁS

Una estrella necesita tener más de tres veces la masa de nuestro Sol para convertirse en agujero negro.

¿CUÁNTOS?

Los científicos creen que puede haber de 10 **millones** a **miles de millones** de agujeros negros solo en nuestra **galaxia**, la Vía Láctea. Como los agujeros negros son invisibles, los científicos han ideado formas especiales de encontrarlos.

GALAXIA DE LA VÍA LÁCTEA

SI QUIERES SABER MÁS

Para que una estrella se queme y se convierta en agujero negro, deben pasar miles de millones de años.

DESCUBRIR LO INVISIBLE

Vemos los objetos porque **reflejan** la luz. Como los agujeros negros absorben la luz, no podemos verlos. Sin embargo, los científicos sí ven el efecto que el agujero negro provoca en los objetos cercanos. ¡Es así como los descubren!

SI QUIERES SABER MÁS

Todas las galaxias pueden tener un agujero negro en su centro.

A medida que la materia es absorbida por un agujero negro, se emite un tipo de energía llamada rayos X. Estos rayos también son invisibles, pero hay máquinas especiales que los detectan. En 1971, un satélite artificial encontró un agujero negro al detectar rayos X cerca de él.

SI QUIERES SABER MÁS

Un satélite artificial es una máquina que gira alrededor de un cuerpo celeste, como la Tierra o el Sol.

SATÉLITE

MÁS Y MÁS GRANDE

Los agujeros negros reciben distintos nombres, según su tamaño. Los estelares son aquellos cuya masa es hasta 20 veces mayor que la de nuestro Sol. Los más grandes se llaman *agujeros negros supermasivos*, ¡y su masa es mayor que la de un millón de soles!

SI QUIERES SABER MÁS

"Estelar" significa "relacionado con las estrellas".

GIRAR Y GIRAR

El agujero negro no atrae de inmediato todos los tipos de materia que pueden estar a su alrededor. Ciertas materias, como el gas y el polvo, **orbitan** el agujero y forman el llamado *disco de acreción*. Esta materia puede caer en el agujero negro si una fuerza la empuja hacia él.

SI QUIERES SABER MÁS

La gravedad es la fuerza que mantiene los objetos en órbita; gracias a ella, la Tierra gira alrededor del Sol.

EL HORIZONTE DE SUCESOS

En 2017, los científicos encontraron un agujero negro gracias al **Telescopio** Horizonte de Sucesos, compuesto por muchos telescopios que trabajan en equipo para encontrar ondas de energía llamadas *ondas de radio*. Estos telescopios se llaman *radiotelescopios* y sirven para encontrar ese tipo de ondas.

SI QUIERES SABER MÁS

El horizonte de sucesos es el punto en el que nada puede escapar de la gravedad del agujero negro.

El Telescopio Horizonte de Sucesos utilizó los **datos** de ocho telescopios para tomar la primera fotografía de un agujero negro. Se trataba de un agujero negro supermasivo, ubicado en el centro de una lejana galaxia llamada M87.

SI QUIERES SABER MÁS

La fotografía del Telescopio Horizonte de Sucesos no muestra el agujero negro en sí, sino la materia que lo orbita.

MÁS POR DESCUBRIR

Aunque los científicos pensaban que había solo dos tamaños de agujeros negros, ahora saben que hay más. También creen que estos se unen para formar agujeros supermasivos. Las nuevas herramientas, como el **Observatorio** de Rayos X Chandra, ayudarán a encontrar nuevos datos ¡y más agujeros negros!

OBSERVATORIO DE RAYOS X CHANDRA

SI QUIERES SABER MÁS

Los científicos saben que los agujeros negros crean viento y pueden arrastrar la materia a grandes velocidades.

TRES TIPOS DE AGUJEROS NEGROS

NOMBRE	TAMAÑO	MASA
primordial	del tamaño de un átomo	la de una gran montaña
estelar	del tamaño de una bola de 10 millas (16 km) de diámetro	hasta 20 veces la masa del Sol
supermasivo	del tamaño de una bola tan grande como nuestro **sistema solar**	más de un millón de veces la masa del Sol

GLOSARIO

datos: hechos y cifras.

emocionante: que provoca enorme interés.

galaxia: gran grupo de estrellas, planetas, gas y polvo que forman una unidad dentro del universo.

gravedad: fuerza que atrae los objetos hacia el centro de un planeta, una estrella u otro lugar en el espacio.

masa: cantidad de materia de un objeto.

mil millones: 1,000 millones; 1,000,000,000.

millón: mil millares; 1,000, 000.

observatorio: edificio o satélite artificial desde el cual los científicos observan el cielo y estudian el tiempo y el espacio.

orbitar: moverse en una órbita (curva debida a la gravedad que describe un cuerpo alrededor de otro).

reflejar: devolver la luz.

sistema solar: el Sol y todos los cuerpos celestes que lo orbitan, incluyendo los planetas y sus lunas.

telescopio: instrumento para aumentar las proporciones de los objetos lejanos.

PARA MÁS INFORMACIÓN

LIBROS

Latta, Sara. *Black Holes: The Weird Science of the Most Mysterious Objects in the Universe*. Minneapolis, MN: Twenty-First Century Books, 2017.

Roland, James. *Black Holes: A Space Discovery Guide*. Minneapolis, MN: Lerner Publications, 2017.

SITIOS DE INTERNET

Black Holes

www.ducksters.com/science/black_hole.php

Lee más sobre estos poderosos lugares invisibles.

Black Holes

www.esa.int/kids/en/learn/Our_Universe/Story_of_the_Universe/Black_Holes

Descubre cómo la Agencia Espacial Europea explica estos fenómenos.

Nota del editor para educadores y padres: nuestro personal especializado ha revisado cuidadosamente estos sitios de Internet para asegurarse de que son apropiados para los estudiantes. Muchos sitios de Internet cambian con frecuencia, por lo que no podemos garantizar que posteriores contenidos que se suban a esas páginas cumplan con nuestros estándares de calidad y valor educativo. Tengan presente que se debe supervisar cuidadosamente a los estudiantes siempre que tengan acceso al Internet.

ÍNDICE